Reiner Kunze

*Was macht die Biene
auf dem Meer?*

Gedichte für Kinder, Mütter, Väter,
Großmütter und Großväter

*Mit Bildern
von Horst Sauerbruch*

Fischer Schatzinsel

Fischer Schatzinsel
ist das Kinder- und Jugendbuchprogramm der S. Fischer Verlage
www.fischerschatzinsel.de

© S. Fischer Verlag GmbH, Frankfurt am Main 2011
Umschlaggestaltung:
Manfred Walch, unter Verwendung einer Illustration von Horst Sauerbruch
Satz: pagina GmbH, Tübingen
Druck und Bindung: CPI – Clausen & Bosse, Leck
Printed in Germany
ISBN 978-3-596-85442-4

Vorwort

Manche Gedichte in diesem Buch sind für kleinere Kinder, andere für Kinder, die schon größer sind, und wieder andere sind für noch größere Kinder. Warum? Weil mir Gedichte für kleinere, größere und noch größere Kinder eingefallen sind und man sich die Einfälle nicht aussuchen kann. Dafür können sich die Kinder die Gedichte aussuchen, die ihnen heute gefallen. Nur dürfen sie das Buch dann nicht in eine Ecke stellen, in der sie es vergessen, sonst verpassen sie die Gedichte, die ihnen vielleicht gefallen werden, wenn sie älter sind.
Als ich das Buch zu Ende geschrieben hatte, fuhr ich nach München zu Horst Sauerbruch, der ein Künstler ist, und fragte ihn, ob er mir die Gedichte anmalt. Er lachte, denn ein Gedicht kann man nicht anmalen wie ein Schaukelpferd oder ein Spielzeugauto, aber er wußte natürlich sofort, weshalb ich gekommen war. Es gibt ja schon ein Buch von uns beiden, es heißt ›Das Kätzchen‹, und drei der Bilder, die Horst Sauerbruch für dieses Buch gemalt hat, hängen in unserem Haus. Fast jeder, der uns besucht und Bilder liebt, bleibt vor ihnen stehen und bewundert sie. Doch als Horst Sauerbruch hörte, daß er für das Buch ›Was macht die Biene auf dem Meer?‹ dreißig Bilder malen sollte, seufzte er, denn so viele Bilder zu malen ist anstrengend. Aber ich sagte ihm: »Es ist doch für Kinder!«, und da nickte er und versprach, sich anzustrengen. Später erhielt ich von ihm einen Brief, in dem stand: »Es macht mir Spaß.«
Auch mir hatte es Spaß gemacht, die Gedichte zu schreiben.
Am meisten würden wir uns aber freuen, wenn das Buch euch, den Kindern, Spaß machen würde, und sei es auch nur einem einzigen von euch.

Reiner Kunze

Der Nußbaum plaudert nichts aus

Der freundliche Nachbar

Der Nachbar schafft die Nachbarschaft,
sein Schaffen wolln wir ehren
und ihm ein lieber Nachbar sein
und seine Freuden mehren.

Tauwetter

Wo gestern noch der zugefrorne Fluß war,
trottet heut
eine lange Herde Ziegen.

Stoßen sie einander,
klingt es wie Geläut.

Gefleckt sind sie
und weiß.

Sie gehn und gehn,
der Hirt ist nicht zu sehn.

Jede Scholle Eis
eine Geiß.

Wohnungen zu vermieten

Wohnungen zu vermieten!
Die Größe ist verschieden.
Diese hier ist für Stare,
doch bitte, nur Paare!

Wohnungen zu vermieten!
Die Lage ist verschieden.
Die Meise, stets bescheiden,
mag's überall gern leiden.

Wohnungen zu vermieten!
Der Eingang ist verschieden.
Einen schmalen Spalt ins Haus
erbittet sich die Fledermaus.

Nichts mehr frei! Nichts mehr frei!
Da nützt auch keinerlei Geschrei.
Die Spatzen rufen weh und ach
und ziehen heimlich unters Dach.

Katerspaziergang

Der Kater geht spazieren,
er geht auf kurzen vieren.
Wir gehen auf langen zwein
dem Kater hinterdrein.

Er schaut nach seiner Braut,
mit der er nachts miaut.
Wir schaun ihm hinterher
und wünschen sie ihm sehr.

Das Holunderwunder

Der Holunder spielt Jongleur,
da gibt es kein Malheur.
Seine weißen Teller
drehn sich immer schneller,
keiner fällt herunter.
»Bravo!« dem Holunder.
Doch er hat leicht Spielen:
Festgewachsen sind die Teller
an den grünen Stielen.

Mikado

Als habe eine Hand
alle sie mit einem Mal
fallen lassen,
stehn die kleinen Fische
kreuz und quer
übereinander
und wärmen
reglos sich
an einem Sonnenstrahl.

Versuche,
von den Fischlein
eines
abzuheben,
ohne daß die andern auseinanderstreben!

Wem das gelingt,
der hat gewonnen
und darf sich mit den kleinen Fischen sonnen.

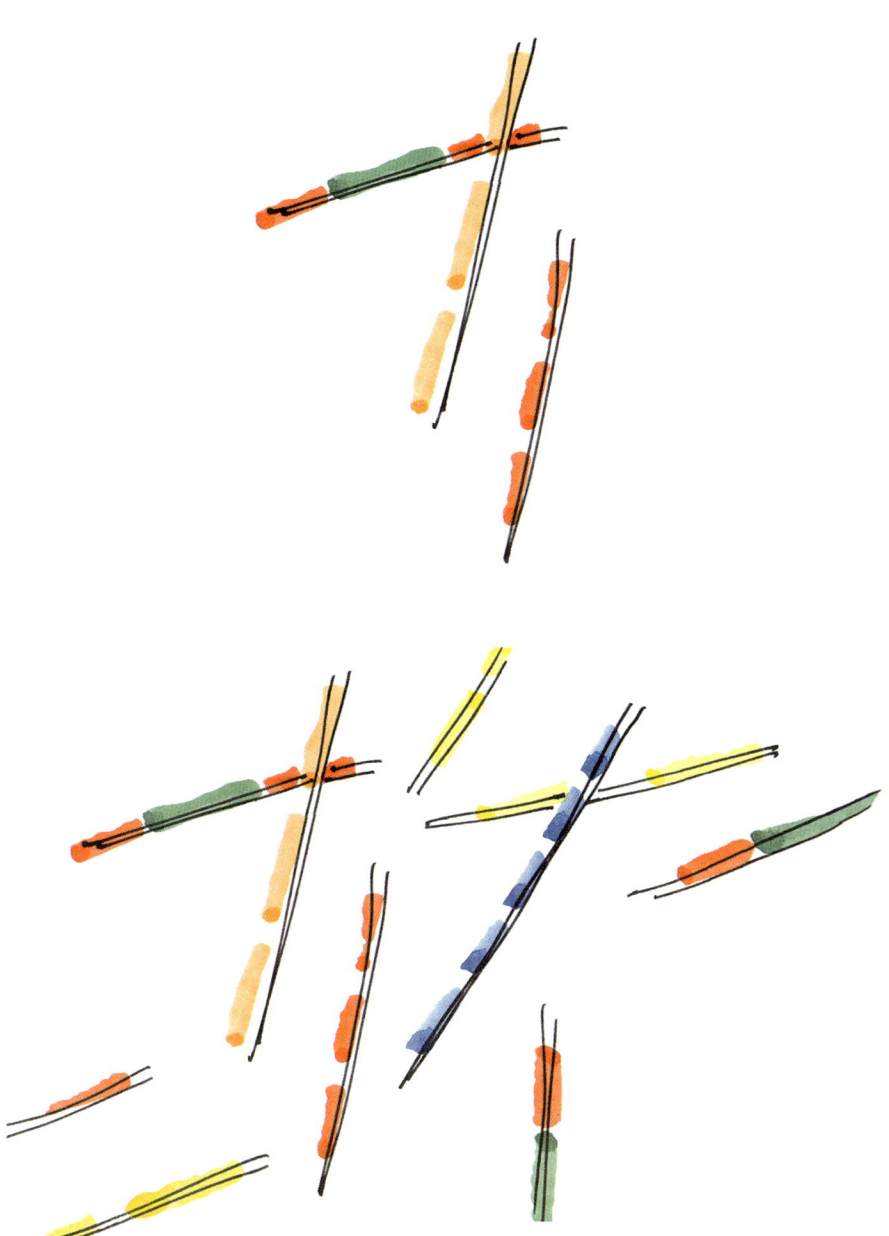

Die Festlinde

Die Linde steht zum Fest bereit,
sie trägt ihr Blüten-Spitzenkleid
mit den gelben Bändern.
Von all ihren Gewändern,
lindgrün, goldbraun, angeschneit,
ist's ihr allerschönstes Kleid.
Als Einladung liegt in der Luft
süßer Lindenblütenduft.

Die moosgrüne Jägerin

Die Eidechse liegt
still auf der Mauer.
Sie liegt
auf der Lauer.

Die Spinnen und Fliegen
sehn sie nicht liegen.

Das Geheimnis des Nußbaums

Jahre und Jahre
wohnen im Nußbaum
zwei Paare Stare.

Im Frühjahr ziehen sie ein,
im Frühherbst ziehen sie aus –
zwei Paare fliegen hinein,
zwölf Stare kommen heraus.

Der Nußbaum plaudert
nichts aus.

Dunkle Wolke

Eine dunkle Wolke kommt vom Himmel nieder,
sinkt ins Wiesengras
und ist verschwunden.

Doch erhebt sie sich zum Himmel wieder,
teilt sich in zwei Wolken oben
und zwei Schatten unten.

Teilt sich und vereint sich himmelauf und -nieder:
Junge Stare! Junge Stare!
Schwarz ist ihr Gefieder.

Obstgarten-Schlußverkauf

Igel, nicht vorbeigelaufen!
Riesige Haufen
Laub zu verkaufen!

Nußbaumlaub –
große Blätter
für jedes Wetter.

Kirschbaumlaub –
mittelgroß,
drei Cent der Stoß.

Birnbaumlaub –
extraklein,
wärmt sehr fein.

Igel, nicht vorbeigelaufen!
Winterschlaflaub zu verkaufen!
Gratisbirne! Gratisbirne!

Pferdetraum

Im Pferdehimmel
weiden Rappe, Fuchs und Schimmel.

Alle bösen Reiter
fallen von der Him-
             mels-
                    lei-
                         ter.

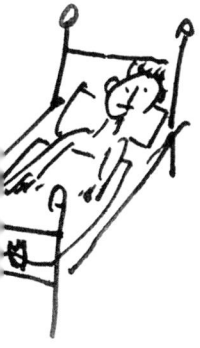

Indische Traumreise

Ein Inderkind im Kinderbett
reist im Traum im Internet

zu seinem großen Bruder,
der wartet am Computer

in Bombay oder Bitterfeld,
wo man sehr viel von Indern hält,

die schon als Kind im Kinderbett
träumen sich durchs Internet.

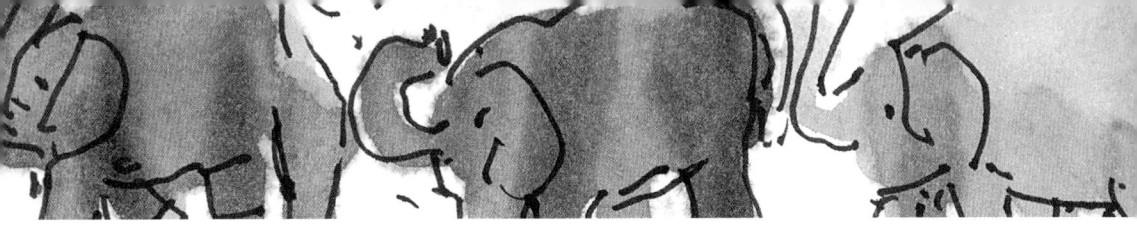

Wie die Elefanten hören

Wüstenelefanten
hören mit den Füßen
fern noch die Verwandten
mit den Füßen grüßen.
Stapft die Herde,
bebt die Erde.

Wüstenelefanten
hören mit den Füßen
in den Regenlanden
fern das Wasser fließen.
Steht die Herde,
schwingt die Erde.

Die charmanten
Elefanten
sind geboren
mit sechs Ohren.

Künstlervogel im Regenwald

Das Seidenlaubenvogelweibchen baut sein Nest allein,
doch will's vom Seidenlaubenvogelmännchen
in einer Laube
schön empfangen sein.

    Des Seidenlaubenvogelweibchens Gunst
    gewinnt nur der, der es gewinnt
    mit seiner Kunst.

Zwei Wände muß das Männchen baun aus Zweigen,
die zum Dach sich ineinanderneigen
und den Weg
dem Weibchen zeigen.

    Des Seidenlaubenvogelweibchens Gunst
    gewinnt nur der, der es gewinnt
    mit seiner Kunst.

Der Seidenlaubenvögel Lieblingsfarbe ist die Farbe Blau.
Mit Beerenschalen reibt in seinem Laubenbau
das Männchen schnabelschwingend
beide Wände blau.

    Des Seidenlaubenvogelweibchens Gunst
    gewinnt nur der, der es gewinnt
    mit seiner Kunst.

Dann trägt das Männchen blaue Blüten in das Laubenhaus,
blaue Federn, blaue Früchte, Falterflügel, blau,
und schmückt das Haus
zu einem blauen Himmel aus.

*Des Seidenlaubenvogelweibchens Gunst
gewinnt nur der, der es gewinnt
mit seiner Kunst.*

Das Weibchen baut ein Nest sich andernorts allein,
doch will's vom Seidenlaubenvogelmännchen
in einer Laube
schön empfangen sein.

Woran der Flamingo sein Junges erkennt

Dreißigtausend junge Zwergflamingos warten
tags im Zwergflamingokindergarten
auf die Dunkelheit.

Dann bringen die Flamingoeltern
Futter von den Salzseefeldern,
und ein jedes Junges schreit.

An Tausenden von Stimmen fliegt das Elternpaar entlang
und erkennt das eigne Junge an der Stimme Klang.

Die Warnung des Akazienbaums

Wenn zu viele der Giraffen
an Akazienblättern raffen,
was die langen Zungen schaffen,
äsen sie die Zweige leer.
Dann fällt dem Baum
das Atmen schwer.

Zur Warnung schickt er Gift ins Blatt,
das riechen die Giraffen,
und sie halten ein zu raffen,
was die langen Zungen schaffen,
meiden das Akazienblatt,
das er zum Leben nötig hat.

Die Giraffen müssen wandern,
gehn von einem Baum zum andern
und sich an den Blättern laben,
die die Bäume übrig haben.
Denn ohne Futterbäume droht
auch den Giraffen bittre Not.

Was macht die Biene auf dem Meer?

Was macht die Biene auf dem Meer?

Sie hofft in der Kajüte
auf des Menschen Güte
und träumt von einer Blüte.

Das macht die Biene auf dem Meer.
(Drum ist das Meer
von Bienen leer.)

Zwölf vierblättrige Blumengedichte

Klatschmohn

Der Klatschmohn blüht vor Sonnenaufgang auf,
mit seinem Morgenrot beginnt der Tageslauf.
Die Sonne gönnt dem Mohn die Freude
und macht dann Licht für alle Leute.

Wegwarte

Die Wegwarte kann's nicht erwarten,
sie wartet am Weg vor dem Garten.
Wer sich zu ihren Blüten bückt,
dem Himmel in die Augen blickt.

Tulpe

Die Tulpe kommt aus dem Morgenland,
sie ist nach dem Turban des Sultans benannt.
Der Sultan hat sie dem Kaiser gesandt
als kleinen Turban fürs Abendland.

Hirtentäschel

Frühling, Sommer, Herbst und Winter blüht
das Hirtentäschel, dessen Blüten der nur sieht,
der Frühling, Sommer, Herbst und Winter sich bemüht,
zu sehen, wie das Hirtentäschel blüht.

Pfingstrose

Der Pfingstrose ist im Blumenreich
an Reichtum keine Blume gleich.
Ihr Schatz, in Blütenseide eingerollt,
sind drei Millionen Körner Blütengold.

Silberdistel

Aus der Blumensilberschmiede
stammt die Silberdistelblüte.
Nur der Welt im Sonnenglanz
öffnet sich ihr Strahlenkranz.

Zweites Gedicht über die Silberdistel

Noch der ärmsten Erde deckt mit ihrem Silberschein
die Silberdistel reich die Tafel ein.
Von den Silberrandtellern bedienen
bei Sonne sich Hummeln und Bienen.

Gänseblümchen

Das Gänseblümchen folgt mit dem Gesicht
von Ost nach West dem Sonnenlicht.
Dann nickt es ein und schläft zur Nacht
von West nach Ost, bis es erwacht.

Rotklee

Der Rotklee fuhr mit dem Schiff übers Meer
und samte nicht aus in Neuseeland.
Die Hummel fuhr mit dem Schiff hinterher,
da wurde Neuseeland ein Kleeland.

Löwenzahn

Der Löwenzahn, der viele Namen hat,
zeigt die Zähne mit dem Blatt.
Als Butterblume blüht er sich aufs Brot.
Die Pusteblume überlebt den Tod.

Teerose

Die vornehmste der Blumen ist die große
makellose gelbe Rose.
Königin auf dunkelgrünem Throne,
trägt sie den Tau wie eine Perlenkrone.

Zweites Gedicht über die Teerose

Der Himmel hat sein reines Blau
der Rose nie geliehn,
damit der Mensch noch in den Himmel schau,
nachdem die Rose er sah blühn.

Zugaben

Ratschlag

Ich muß noch viele Briefe schreiben!
(der Großvater)

Nimm dir einen Tintenfisch,
der acht Arme hat
und alle Briefe schreibt für dich,
dann hast du Zeit für mich.

(nach Felix,
als er sechs Jahre alt war)

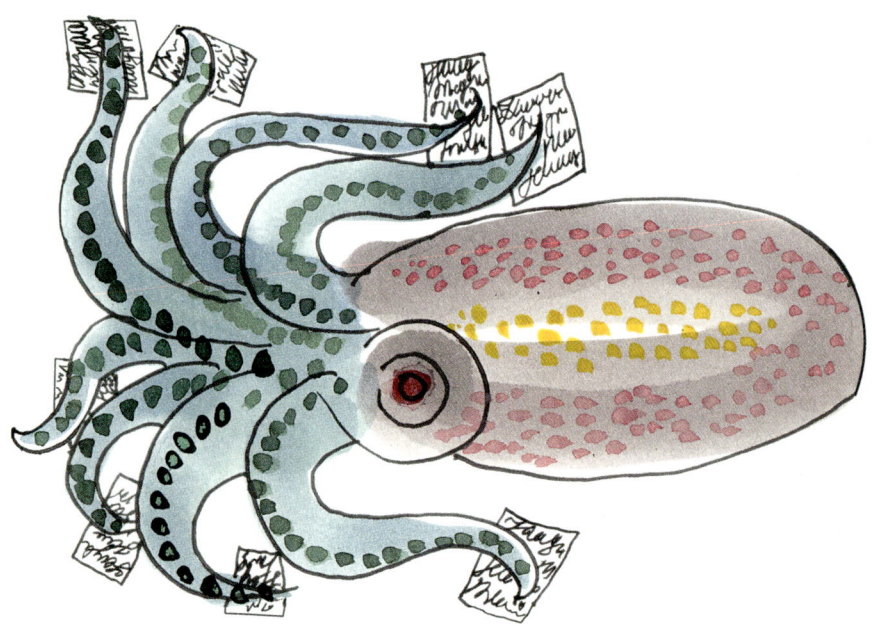

Erleuchtung

Sein Staunen gilt den Autos,
der Mond erstaunt ihn nicht,
der ist an Gottes Auto
das nicht kaputte Licht.

> *(nach Karl-Ludwig,*
> *als er drei Jahre alt war)*

Der ratlose Dichter

Ganz am Anfang, als noch kein Mensch gestorben war,
war da Gott allein im Himmel?
(Josefin, fünf Jahre alt)

— — — — —
— — — — —
— — — — —
— — — — —

Anmerkungen für Kinder, die schon viel verstehen

Mikado
Das Mikado ist ein Geschicklichkeitsspiel aus 41 dünnen Stäben, die an beiden Enden angespitzt sind. Sie werden aus der Hand fallen gelassen und dann Stab für Stab abgehoben, ohne daß sich die anderen Stäbe dabei bewegen. Die farblich gekennzeichneten Stäbe sind unterschiedlich wertvoll und ergeben insgesamt 170 Punkte. Der wertvollste Stab heißt »Mikado« (japanisch »Kaiser«). Wer nach einer vereinbarten Anzahl von Runden über die meisten Punkte verfügt, hat gewonnen.

Wie die Elefanten hören
Elefanten verursachen Bodenschwingungen, die von ihresgleichen mit den Füßen noch in zwanzig Kilometer Entfernung wahrgenommen werden können. Die Schwingungen werden von den Beinknochen übertragen, von den Schädelknochen verstärkt und an die Mittelohrknochen weitergeleitet. Außerdem können Elefanten für den Menschen unhörbar tiefe Töne aussenden und empfangen. Sie entstehen in der Nasenhöhle und haben eine große Reichweite.

Künstlervogel im Regenwald
Der Seidenlaubenvogel lebt in den Regenwäldern der Ostküste Australiens. Seinen Namen verdankt er dem seidig schimmernden dunkelblauen Gefieder des Männchens. Die Farbe, die es auf die Innenwände seiner Laube aufträgt, besteht aus Pflanzensaft und Speichel. Mitunter verwendet es von Zweigen abgeschälte Rindenfasern als »Pinsel«, den es mit dem Schnabel führt. Die Laube dient allein der Brautwerbung. Seidenlaubenvogelmännchen können sich frühestens mit fünf, sechs Jahren um ein Weibchen bemühen. Bis dahin lernen sie von älteren

Vögeln, wie man eine Laube baut. Forschungen haben ergeben, daß den Seidenlaubenvögeln die Kunst des Laubenbaus nicht angeboren ist. In Australien und Neuguinea gibt es noch andere Laubenbauer, zum Beispiel den Graulaubenvogel. Seine Lieblingsfarbe ist weiß.

Woran der Flamingo sein Junges erkennt

Zwergflamingos leben u. a. in Pakistan, Indien und an den Salzseen Afrikas, aus deren Bodenschlamm sie ihre Nahrung herausfiltern. Ab der zweiten Woche nach dem Schlüpfen bilden die graugefiederten Küken zu Tausenden eine eigene Ansammlung, die von Altvögeln bewacht wird. Das Futter für das Junge würgen die Eltern aus dem langen Hals hervor. Sie füttern es mit Algen und Milch, die in der Speiseröhre entsteht.

Die Warnung des Akazienbaums

Die Akazie des afrikanischen Graslandes warnt bei zu starker Beäsung nicht nur die Tiere, sondern auch den Nachbarbaum. Indem sie ihre Blätter mit Gift anreichert, entsteht ein Gas (Äthylen), das den Nachbarbaum veranlaßt, ebenfalls Gift zu produzieren. Das geschieht so rasch, daß die Tiere ihn meiden. So werden sie dazu angehalten, sich auf eine größere Weidefläche zu verteilen.

Klatschmohn

Der Klatschmohn öffnet die Blüten morgens zwischen fünf und sechs Uhr, die Wegwarte zwischen sechs und sieben Uhr.

Pfingstrose
Eine einzige Pfingstrosenblüte verfügt über dreieinhalb Millionen Pollenkörner.

Rotklee
Als in Neuseeland erstmals Rotklee angebaut wurde, blühte er üppig, bildete aber keine Samen. Der Naturforscher Charles Darwin empfahl den Neuseeländern, Hummeln einzuführen, da Rotklee nur von Insekten bestäubt werden kann, die schwer genug sind, den Zugang zum Blütennektar zu öffnen.

Reiner Kunze, geboren 1933, studierte in Leipzig Philosophie und Journalistik. Seit 1962 arbeitet er als Schriftsteller. Sein erstes Kinderbuch ›Der Löwe Leopold‹ erschien 1970 im S. Fischer Verlag. 1977 verließ er mit seiner Familie die DDR, und seitdem wohnen er und seine Frau an der Donau in Niederbayern. In seinen Büchern, die in dreißig Sprachen übersetzt wurden, erzählt er oft von seinen Kindern und Enkeln. Im Programm der Fischer Schatzinsel sind von Reiner Kunze die Kinderbücher ›Der Löwe Leopold‹ (Bd. 80161) und ›Wohin der Schlaf sich schlafen legt‹ (Bd. 80003) erhältlich.

Horst Sauerbruch, geboren 1941, studierte an der Akademie der Bildenden Künste in München und wirkte dort von 1972 bis 2005 als Professor für Malerei und Kunsterziehung. Seine Werke wurden in vielen Städten des In- und Auslandes ausgestellt. Horst Sauerbruch ist verheiratet und hat zwei Söhne, Maximilian und Ferdinand. Von Horst Sauerbruch und Reiner Kunze erschien 1979 im S. Fischer Verlag das Kinderbuch ›Das Kätzchen‹.

Inhalt

Der Nußbaum plaudert nichts aus 7

Der freundliche Nachbar 8
Tauwetter 10
Wohnungen zu vermieten 13
Katerspaziergang 14
Das Holunderwunder 16
Mikado 18
Die Festlinde 21
Die moosgrüne Jägerin 22
Das Geheimnis des Nußbaums 25
Dunkle Wolke 26
Obstgarten-Schlußverkauf 28
Pferdetraum 30
Indische Traumreise 33
Wie die Elefanten hören 34
Künstlervogel im Regenwald 36
Woran der Flamingo sein Junges erkennt 38
Die Warnung des Akazienbaums 40
Was macht die Biene auf dem Meer? 42

Zwölf vierblättrige Blumengedichte   45

        Klatschmohn   46
        Wegwarte   49
        Tulpe   50
        Hirtentäschel   51
        Pfingstrose   52
        Silberdistel   54
        Zweites Gedicht über die Silberdistel   54
        Gänseblümchen   56
        Rotklee   58
        Löwenzahn   60
        Teerose   62
        Zweites Gedicht über die Teerose   64

Zugaben   67

        Ratschlag   68
        Erleuchtung   69
        Der ratlose Dichter   70

Anmerkungen für Kinder, die schon viel verstehen   73